**Meine liebste Entspannungslektüre
sind Kochbücher.**

Jeanne Moreau

Inhalt

4 Infos
Hier erfährst du alles rund ums WW Programm, mit welchen Vorräten du am besten deine Woche planst und dadurch Zeit sparen kannst.

10 Für den kleinen Hunger
Schnell gemacht für einen entspannten Feierabend.

38 Für den großen Hunger
Lecker, einfach und sättigend.

78 Heute bleibt die Küche kalt
Ohne Herd, Pfanne und Co.

108 Auf einen Blick
Alle Rezepte übersichtlich von A – Z sortiert.

110 Lust auf…
Appetit auf Brot, Pasta oder etwas Vegetarisches? In dieser Übersicht findest du je nach Lust und Laune das richtige Rezept für dich.

112 Impressum

Rezeptinfos

 SmartPoints Wert pro Person/Glas/Stück

Fertig in:
Hier sind alle Vorbereitungsschritte, Marinier-, Gar- und Backzeiten eingerechnet.

Davon aktiv:
Diese Zeitangabe sagt dir, wie lange du wirklich mit Schnippeln und Rühren beschäftigt bist.

 QR-Code scannen und Einkaufslisten entdecken.

Tschüss Kilos, hallo *Wunschgewicht*

Pia -16 kg

Genießen und dabei abnehmen? Kein Problem.

- ✔ Mehr als 8.000 Rezepte – im Treffen, online und in der App
- ✔ Praktische Mahlzeitenpläne und Einkaufslisten für jeden Geschmack
- ✔ Eine Extraportion Motivation von deinem Coach
- ✔ Eine starke Community, die dich auf deinem Weg unterstützt
- ✔ 8x mehr abnehmen als allein*

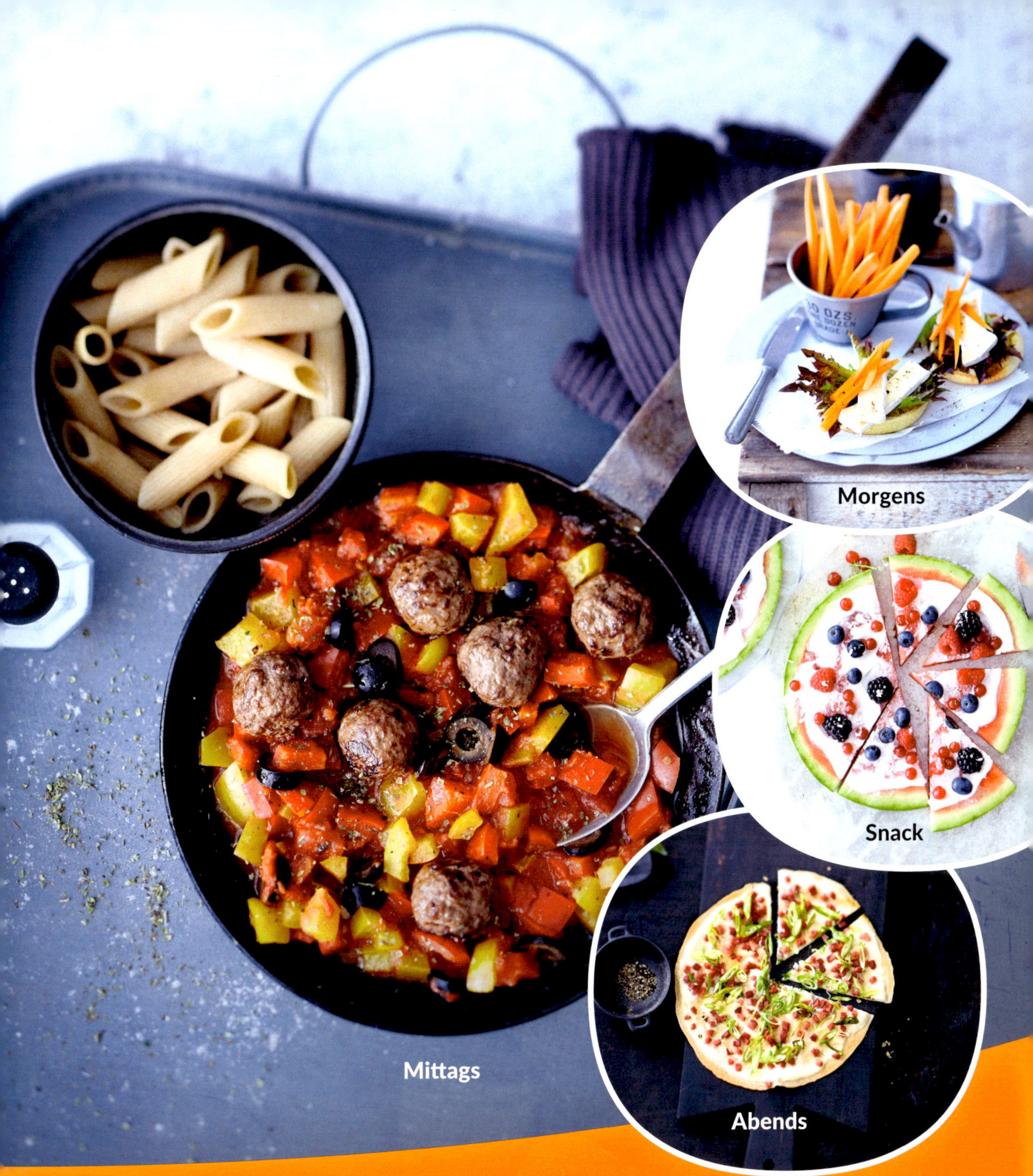

Morgens

Snack

Mittags

Abends

Warum warten? Jetzt Angebot sichern auf:
www.weightwatchers.de/kochbuch

*Basierend auf Daten von 147 Personen, die mittels WW-Treffen sowie -Onlinetools an einer sechsmonatigen Studie teilnahmen, vs. 145 Personen ohne Programm.

Entspannt in den Feierabend

Die Freude auf den freien Abend ist riesig. Du möchtest es dir gemütlich machen und zur Ruhe kommen. Aber ein leckeres Essen muss definitiv noch her. Endlos lang in der Küche stehen, schnippeln und braten... nein danke! Mit unseren Rezeptideen kommst du leicht, schnell und entspannt in den Feierabend. Wir haben für dich 50 Rezepte zusammengestellt, die in maximal 30 Minuten fertig sind. So bleibt ganz viel Zeit für Genuss.

Immer auf Vorrat

Um immer ein schnelles, selbstgemachtes Gericht zubereiten zu können, benötigst du die richtigen Vorräte – sowohl trockene Zutaten als auch gekühlte und tiefgekühlte Lebensmittel.

Vorratsschrank:
In deinen Vorratsschrank gehören Lebensmittel, die du täglich brauchst, etwa Basismüsli, Couscous, Reis, Brot, Essig und Öl, Gemüsebrühe (Instantpulver), Gewürze, wie z. B. Currypulver, Salz, Paprikapulver, Pfeffer oder Zimt, verschiedene Gläser, wie Fond, Maiskölbchen oder Sauerkirschen, Kartoffeln, Nudeln, Konserven (Kichererbsen, Kidneybohnen, Mais, stückige Tomaten, Thunfisch), Mehl, Würz-Saucen, Zucker und Honig.

Kühlschrank:
Im Kühlschrank solltest du Eier, entrahmte Milch, Gemüse und fettarme Milchprodukte wie Joghurt, Quark und Skyr aufbewahren. Auch Halbfettmargarine, fettarmer Käse, wie z. B. Frischkäse, Hüttenkäse, Mozzarella und Schafskäse, Salat, Tofu und Geflügelwurst gehören dazu.

Gefrierschrank:
Wenn du mal kein frisches Obst und Gemüse zuhause hast, können Vorräte aus dem Gefrierschrank helfen. Hier sind Brot, Brötchen, Gemüse, Fisch, Fleisch, wie z. B. Tatar oder Hähnchenbrustfilet, Kräuter und Obst wahre Küchenhelfer und Zeitsparer.

Neben diesen Vorräten benötigst du zum Kochen und Braten außerdem eine gute **Küchen-Grundausstattung**. Dazu gehören Utensilien wie Töpfe, Pfannen, Pürierstab, ein Schneidebrett, Pfannenwender, scharfe Messer, Kochlöffel, eine Auflaufform, Sparschäler und Reibe.

So plane ich meine Woche

Am einfachsten lässt sich die Woche mit **Einkaufslisten** planen. Scanne den **QR-Code** auf der Inhaltsseite in diesem Buch für deine **Wochenplanung**. Dort sind alle Rezepte und die passenden Einkaufslisten hinterlegt.

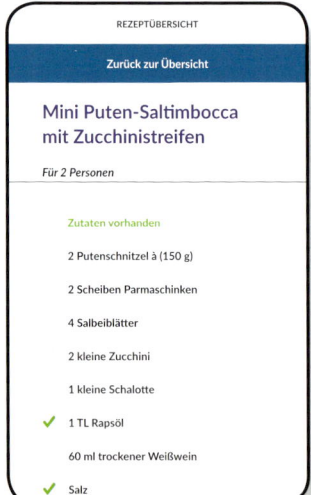

Tipps und Ideen

Zeit sparen:
- Überlege dir vorab, was du kochen möchtest. Nutze TK-Gemüse, getrocknete Gewürze und Lebensmittel, die immer in deinem Vorratsschrank stehen, um daraus ein tolles Gericht zu zaubern.
- Auch eine aufgeräumte Küche und Küchenhelfer wie ein Mixer, Wasserkocher oder eine Küchenmaschine können dir beim Kochen wertvolle Zeit sparen.
- Stelle dir alle Utensilien und Zutaten bereit.
- Wenn du eine Portion mehr kochst, hast du für den nächsten Tag direkt ein frisches Mittagessen.
- One-Pot-Gerichte sind super einfach zuzubereiten und sorgen gleichzeitig für wenig Abwasch.

Lieferangebote:
Viele Supermärkte bieten mittlerweile an, Obst, Gemüse und Lebensmittel direkt nach Hause zu liefern.

Einfach ausprobieren!
Bestell dir die Weight Watchers Kochbox und genieße
- 3 Gerichte für 2 Personen
- wöchentlich leckere Rezepte

Klick rein unter www.weightwatchers-kochboxen.de

Für den kleinen *Hunger*

Mini Puten-Saltimbocca

mit Zucchinistreifen

Für 2 Personen
Fertig in: 20 Min.
Davon aktiv: 15 Min.
Low Carb
288 kcal | 1206 kJ

2 Putenschnitzel (à 150 g)
Salz, Pfeffer
2 Scheiben Parmaschinken
4 Salbeiblätter
2 kleine Zucchini
1 kleine Schalotte
1 TL Rapsöl
60 ml trockener Weißwein

1. Putenschnitzel abspülen, trocken tupfen, flacher klopfen, halbieren, salzen und pfeffern. Parmaschinken halbieren. Salbei waschen und trocken schütteln. Schnitzel mit Salbeiblättern und je 1/2 Scheibe Parmaschinken belegen und mit Holzspießen feststecken.

2. Zucchini waschen und in Streifen schneiden. Schalotte schälen und in Würfel schneiden. Öl in einer Pfanne auf mittlerer bis hoher Stufe erhitzen, Schnitzel darin ca. 3 Minuten von jeder Seite braten, herausnehmen und warm stellen.

3. Zucchinistreifen mit Schalottenwürfeln im Bratensatz ca. 5 Minuten dünsten. Mit Weißwein ablöschen, ca. 2 Minuten köcheln lassen und mit Salz und Pfeffer abschmecken. Mini Puten-Saltimbocca auf Zucchinistreifen kurz erwärmen und servieren.

Tomatensuppe
mit Tatar

Für 1 Person
Fertig in: 30 Min.
Davon aktiv: 10 Min.
Familie | Low Carb | To Go
323 kcal | 1353 kJ

1 kleine Zwiebel
1 Knoblauchzehe
5 Blätter Basilikum
1 TL Olivenöl
100 g Tatar
Salz, Pfeffer
1 Prise Zimt
1 EL Tomatenmark
400 g passierte Tomaten
　(Konserve)
100 ml Gemüsebrühe
　(1/2 TL Instantpulver)
1 EL Balsamicoessig
1 Prise Zucker
1 EL Saure Sahne

1. Zwiebel schälen und in Würfel schneiden. Knoblauch pressen. Basilikum waschen, trocken tupfen und hacken. Öl in einem Topf auf mittlerer Stufe erhitzen. Tatar darin krümelig anbraten, mit Salz, Pfeffer und Zimt würzen und herausnehmen.

2. Zwiebelwürfel und Knoblauch im Bratensatz dünsten. Tomatenmark dazugeben und kurz mitdünsten. Mit Tomaten und Brühe ablöschen, mit Salz und Pfeffer würzen und mit Deckel ca. 10 Minuten köcheln lassen.

3. Suppe mit Essig und Zucker verfeinern, Tatar dazugeben und saure Sahne einrühren. Tomatensuppe mit Basilikum verfeinern und servieren.

Suppenliebhaber? Dann probiere auch die wärmende Hühner Nudelsuppe von Weight Watchers für 2 SmartPoints.

Chili-Garnelen

mit Mie-Nudeln und Gemüsestreifen

Für 2 Personen
Fertig in: 30 Min.
Davon aktiv: 20 Min.
423 kcal | 1769 kJ

1 rote Chilischote
300 g küchenfertige Riesengarnelen
2 EL Sojasauce
2 TL Limettensaft
2 Karotten
1 rote Paprika
1 Stange Lauch
1 TL Sesamöl
100 g trockene Mie-Nudeln
Salz, Pfeffer

1. Chilischote waschen, entkernen und fein würfeln. Garnelen abspülen, trocken tupfen und mit Chiliwürfeln, Sojasauce und Limettensaft in einen Gefrierbeutel geben, vorsichtig verkneten und im Kühlschrank ca. 10 Minuten marinieren.

2. Karotten schälen. Paprika waschen und entkernen. Lauch waschen und mit Paprika und Karotten in feine Streifen schneiden. Garnelen abtropfen lassen und dabei die Marinade auffangen. Öl in einer Pfanne auf hoher Stufe erhitzen, Garnelen darin 3–4 Minuten rundherum anbraten und herausnehmen.

3. Mie-Nudeln nach Packungsanweisung in Salzwasser garen. Karotten-, Paprika- und Lauchstreifen im Bratensatz auf mittlerer Stufe 2–3 Minuten braten, mit Marinade ablöschen und ca. 5 Minuten köcheln lassen. Nudeln abgießen, mit Garnelen unter das Gemüse heben, erwärmen und mit Salz und Pfeffer abschmecken. Chili-Garnelen mit Mie-Nudeln und Gemüsestreifen servieren.

Feurige Quesadilla

Für 1 Person
Fertig in: 20 Min.
Davon aktiv: 15 Min.
Vegetarisch | To Go
418 kcal | 1749 kJ

1 Zwiebel
1 kleine rote Chilischote
1 TL Rapsöl
je 2 EL Kidneybohnen und
  Mais (Konserve)
200 g stückige Tomaten
  (Konserve)
3 EL geriebener Käse,
  bis 30 % Fett i. Tr.
1 TL gehackter Koriander
Salz, Pfeffer
1 TL Kreuzkümmel
1 kleiner Tortilla Wrap

1. Zwiebel schälen und würfeln. Chilischote waschen, entkernen und in Ringe schneiden. Öl in einem Topf auf mittlerer Stufe erhitzen, Zwiebelwürfel darin kurz dünsten, Chiliringe, Kidneybohnen und Mais dazugeben, mit Tomaten ablöschen und 6–7 Minuten köcheln lassen.

2. 2 EL Käse mit Koriander unterheben und mit Salz, Pfeffer und Kreuzkümmel würzen. Bohnen-Mais-Mischung auf die Hälfte des Tortilla Wraps verteilen, mit restlichem Käse bestreuen und Tortilla Wrap zusammenklappen.

3. Eine Pfanne auf mittlerer Stufe erhitzen und Quesadilla darin 3–4 Minuten von jeder Seite erwärmen. Feurige Quesadilla halbieren und servieren.

Spinatsuppe mit Ei

Für 2 Personen
Fertig in: 20 Min.
Davon aktiv: 15 Min.
Low Carb
416 kcal | 1739 kJ

500 g Blattspinat (TK)
2 Schalotten
200 g Lachsfilet
1 TL Olivenöl
800 ml Gemüsebrühe
  (4 TL Instantpulver)
1 EL heller Balsamicoessig
2 Eier (Größe M)
2 EL Crème légère
Salz, Pfeffer

1. Spinat auftauen lassen, ausdrücken und hacken. Schalotten schälen und in Spalten schneiden. Lachsfilet abspülen, trocken tupfen und würfeln. Öl in einem Topf auf mittlerer Stufe erhitzen, Schalottenspalten darin kurz dünsten und mit Brühe und Essig ablöschen. Lachswürfel darin auf mittlerer Stufe 7–8 Minuten gar ziehen lassen und herausnehmen.

2. Eier in kochendem Wasser 8–10 Minuten hart kochen. Spinat zur Suppe geben und kurz aufkochen. Suppe pürieren, mit Crème légère verfeinern und mit Salz und Pfeffer abschmecken. Eier abschrecken, pellen und vierteln. Spinatsuppe mit Eivierteln und Lachswürfeln garniert servieren.

Hüttenkäse-Küchlein

mit Kräutern

Für 6 Stück
Fertig in: 30 Min.
Davon aktiv: 10 Min.
Vegetarisch | Familie | To Go
77 kcal | 321 kJ

1 rote Zwiebel
1 Tomate
1/2 Bund Schnittlauch
2 EL Mais (Konserve)
50 g Mehl
200 g Hüttenkäse,
  bis 5 % Fett absolut
1 EL gehackte Petersilie
1 EL gehackter Rosmarin
Salz, Pfeffer

1. Backofen auf 200 °C (Gas: Stufe 3, Umluft: 180 °C) vorheizen. Zwiebel schälen und fein würfeln. Tomate waschen und in kleine Würfel schneiden. Schnittlauch waschen, trocken schütteln und fein hacken. Mais abtropfen lassen.

2. Mehl mit Zwiebel-, Tomatenwürfeln, Hüttenkäse, Mais, Schnittlauch, Petersilie und Rosmarin vermengen und mit Salz und Pfeffer würzen. Masse auf einem mit Backpapier ausgelegten Backblech zu 6 Küchlein formen und im Backofen auf mittlerer Schiene 18–20 Minuten backen. Hüttenkäse-Küchlein servieren.

Smart! Hüttenkäse hat viele Talente und sollte auch zu deinem Basisvorrat zählen. So hast du alles für dieses Rezept im Haus und kannst die Küchlein spontan ohne Einkauf und Planung machen.

Mexikanische Steakpfanne
mit Mais

Für 2 Personen
Fertig in: 30 Min.
Davon aktiv: 25 Min.
Low Carb
367 kcal | 1530 kJ

1 rote Zwiebel
je 1 rote und grüne Paprika
300 g Rindersteak
1 TL Rapsöl
1 Knoblauchzehe
400 g stückige Tomaten (Konserve)
1 Dose Mais (140 g Abtropfgewicht)
1/4 TL geräuchertes Paprikapulver
1 EL gehackter Koriander
Salz, Cayennepfeffer

1. Zwiebel schälen. Paprika waschen, entkernen und mit Zwiebel in Würfel schneiden. Rindersteak trocken tupfen und in Streifen schneiden. Öl in einer Pfanne auf mittlerer Stufe erhitzen, Rindersteakstreifen darin ca. 8 Minuten rundherum braten und herausnehmen.

2. Knoblauch hacken, mit Zwiebel- und Paprikawürfeln im Bratensatz ca. 5 Minuten anbraten und mit Tomaten ablöschen. Mais abgießen, mit Steakstreifen zum Gemüse geben und erhitzen. Mexikanische Steakpfanne mit Paprikapulver und Koriander verfeinern, mit Salz und Cayennepfeffer abschmecken und servieren.

Nutze hier statt der frischen Paprika vorgeschnittene TK-Paprika oder 1 Dose Kidneybohnen (Konserve) und das Essen steht noch schneller auf dem Tisch.

Tofu-Rührei-Sandwich

8 SmartPoints Wert

Für 1 Person
Fertig in: 15 Min.
Davon aktiv: 10 Min.
Vegan
361 kcal | 1511 kJ

1 Schalotte
70 g Tofu
2 TL Erdnussöl
1/2 TL Kurkuma
Salz, Pfeffer
30 g Seidentofu
1 Zweig Rosmarin
5 Cocktailtomaten
2 Frühlingszwiebeln
1 Knoblauchzehe
2 kleine Scheiben Vollkorntoast
5 g Soja-Alternative zu Sauerrahm (z. B. von Soyana)
2 Blätter Eisbergsalat

1. Schalotte schälen und fein würfeln. Tofu zerbröseln. 1 TL Öl in einer Pfanne auf mittlerer Stufe erhitzen und Schalottenwürfel darin ca. 2 Minuten dünsten. Tofubrösel dazugeben und kurz mitbraten. Mit Kurkuma und Salz würzen. Seidentofu unterrühren und kurz mitbraten. Mit Pfeffer würzen und warm stellen.

2. Rosmarin waschen, trocken schütteln und hacken. Tomaten mit Frühlingszwiebeln waschen. Tomaten halbieren und Frühlingszwiebeln in Ringe schneiden. Knoblauch pressen. Restliches Öl in einer Pfanne auf mittlerer Stufe erhitzen. Knoblauch darin dünsten. Tomatenhälften, Rosmarin und Frühlingszwiebelringe zugeben, mit Salz und Pfeffer würzen und 1–2 Minuten dünsten.

3. Toast rösten und eine Scheibe mit Soja-Sauerrahm bestreichen. Salatblätter waschen, trocken schütteln, Toast damit belegen, Tofu-Rührei und Tomaten darauf verteilen und mit restlicher Toastscheibe abdecken. Sandwich diagonal halbieren und Tofu-Rührei-Sandwich servieren.

Buntes Ofengemüse

mit Hähnchen

Für 1 Person
Fertig in: 30 Min.
Davon aktiv: 10 Min.
Low Carb | Familie
427 kcal | 1788 kJ

200 g Hähnchenbrustfilet
1 rote Zwiebel
1 kleine Zucchini
1 rote Paprika
100 g Broccoli
100 g Cocktailtomaten
2 Zweige Rosmarin
Salz, Pfeffer
1 Prise Paprikapulver
1 TL Rapsöl

1. Backofen auf 220 °C (Gas: Stufe 4, Umluft: 200 °C) vorheizen. Hähnchenbrustfilet abspülen, trocken tupfen und würfeln. Zwiebel schälen und in Würfel schneiden. Zucchini waschen und in Scheiben schneiden. Paprika waschen, entkernen und grob würfeln. Broccoli waschen und in Röschen teilen. Tomaten waschen und halbieren.

2. Rosmarin waschen, trocken schütteln und hacken. Hähnchenbrust- und Zwiebelwürfel mit Zucchinischeiben, Broccoliröschen und Tomatenhälften in eine Auflaufform (ca. 20 x 20 cm) legen, mit Salz, Pfeffer und Paprikapulver würzen und mit Rosmarin und Öl mischen. Buntes Gemüse mit Hähnchen im Backofen auf mittlerer Schiene ca. 20 Minuten backen und servieren.

Buchweizenpfannkuchen
mit Tatar

Für 4 Personen
Fertig in: 30 Min.
Davon aktiv: 10 Min.
Familie
377 kcal | 1577 kJ

2 Frühlingszwiebeln
2 Tomaten
1 Limette
200 g Pflücksalatmischung (Kühltheke)
4 EL Salatdressing ohne Öl
150 g Buchweizenvollkornmehl
150 ml entrahmte Milch
100 ml Mineralwasser
3 Eier (Größe M)
Salz, Pfeffer
3 TL Rapsöl
300 g Tatar
4 EL Frischkäse, bis 1 % Fett absolut

1. Frühlingszwiebeln mit Tomaten waschen. Frühlingszwiebeln in Ringe und Tomaten in Würfel schneiden. Limette auspressen. Salat waschen, trocken schleudern und mit Dressing beträufeln. Mehl mit Milch, Wasser, Eiern und 1 Prise Salz verquirlen.

2. 2 TL Öl portionsweise in einer Pfanne auf mittlerer Stufe erhitzen und darin nacheinander 4 Pfannkuchen backen, dabei 2–3 Minuten von jeder Seite braten.

3. Restliches Öl in einer Pfanne auf hoher Stufe erhitzen und Tatar darin krümelig anbraten. Frühlingszwiebelringe und Limettensaft dazugeben, ca. 3 Minuten mitbraten und mit Salz und Pfeffer würzen.

4. Pfannkuchen mit Frischkäse bestreichen, mit Tatar und Tomatenwürfeln belegen, aufrollen und in der Mitte durchschneiden. Buchweizenpfannkuchen mit Salat servieren.

Ei im Glas mit *Forelle*

Für 6 Personen
Fertig in: 30 Min.
Davon aktiv: 15 Min.
To Go
225 kcal | 941 kJ

1 Frühlingszwiebel
1 TL unbehandelte
   Zitronenschale
100 ml Cremefine zum
   Kochen, bis 7 % Fett
3 EL gemischte gehackte
   Kräuter (z. B. Kerbel,
   Kresse, Schnittlauch)
Salz, Pfeffer
6 Eier (Größe M)
60 g geräuchertes
   Forellenfilet
6 Scheiben Roggenvollkorn-
   brot

1. Backofen auf 180° C (Gas: Stufe 2, Umluft 160° C) vorheizen. Frühlingszwiebel waschen und in feine Ringe schneiden. Zitronenschale mit Cremefine, Frühlingszwiebelringen und 2 EL Kräutern verrühren. Mit Salz und Pfeffer würzen. Je ein Ei in ein kleines ofenfestes Glas (Inhalt ca. 150 ml) gleiten lassen. Dabei darauf achten, dass das Eigelb ganz bleibt. Je 1 EL Kräutercreme auf dem Ei verteilen.

2. Gläser in eine ofenfeste Form stellen und so viel heißes Wasser angießen, dass die Förmchen zur Hälfte darin stehen. Im Backofen auf mittlerer Schiene 10–14 Minuten stocken lassen. Forellenfilet grob zerteilen und mit den restlichen Kräutern vermengen. Eigläser vorsichtig aus der Form heben, Forellen-Kräuter-Mischung darauf verteilen und sofort mit Brot servieren.

Gemüsesuppe mit Tofu

Für 2 Personen
Fertig in: 25 Min.
Davon aktiv: 15 Min.
Vegan | To Go | Low Carb
393 kcal | 1645 kJ

200 g Tofu
1 Stück Ingwer (ca. 2 cm)
2 EL Sojasauce
2 Karotten
1 Zwiebel
1 rote Paprika
1 TL Rapsöl
500 ml Gemüsebrühe
 (2 TL Instantpulver)
300 g Erbsen (TK)
Salz, Pfeffer
2 TL gehackte Walnüsse

1. Tofu in Würfel schneiden. Ingwer schälen und reiben. Tofuwürfel mit Ingwer und Sojasauce in einen Gefrierbeutel geben, vorsichtig verkneten und im Kühlschrank ca. 10 Minuten marinieren. Karotten mit Zwiebel schälen und in Würfel schneiden. Paprika waschen, entkernen und würfeln.

2. Öl in einer Pfanne auf mittlerer Stufe erhitzen, Karotten-, Paprika- und Zwiebelwürfel darin kurz anbraten, mit Brühe ablöschen und ca. 10 Minuten köcheln lassen. Nach der Hälfte der Garzeit Erbsen und Tofuwürfel dazugeben und mit Salz und Pfeffer würzen. Gemüsesuppe mit Walnüssen bestreut servieren.

Lollo rosso

mit Spinatfalafeln

 4 SmartPoints Wert

Für 1 Person
Fertig in: 30 Min.
Davon aktiv: 25 Min.
Vegetarisch | Familie | Low Carb
388 kcal | 1625 kJ

- 50 g Blattspinat (TK)
- 1 Zwiebel
- 80 g Lollo rosso
- einige Stängel glatte Petersilie
- 50 g Cocktailtomaten
- 1/2 Salatgurke
- 2 TL Olivenöl
- 120 g Kichererbsen (Konserve)
- 2 Msp. geriebene Muskatnuss
- Salz, Pfeffer
- 3 EL Frischkäse, bis 1 % Fett absolut
- 2 EL Gemüsebrühe (1 Prise Instantpulver)
- 2 TL Zitronensaft

1. Spinat auftauen lassen. Zwiebel schälen und würfeln. Salat mit Petersilie, Tomaten und Gurke waschen. Salat trocken schleudern und in mundgerechte Stücke zerteilen. Petersilie trocken schütteln. Tomaten halbieren und Gurke in Scheiben schneiden.

2. 1 TL Öl in einem Topf auf mittlerer Stufe erhitzen und Zwiebelwürfel darin 1–2 Minuten dünsten. Spinat dazugeben, ca. 5 Minuten mitdünsten und gegebenenfalls überschüssige Flüssigkeit abgießen. Kichererbsen abspülen und abtropfen lassen. Spinat mit Kichererbsen und Muskatnuss pürieren, mit Salz und Pfeffer abschmecken und Masse zu 3 Talern formen.

3. Restliches Öl in einer Pfanne auf mittlerer Stufe erhitzen, Taler darin 3–4 Minuten von jeder Seite braten und abkühlen lassen. Für das Dressing Frischkäse mit Brühe, Zitronensaft und Petersilie pürieren und mit Salz und Pfeffer abschmecken. Lollo rosso mit Tomatenhälften und Gurkenscheiben vermischen, Spinatfalafeln daraufsetzen, mit Dressing beträufeln und servieren.

Kichererbsencurry mit Pute

Für 2 Personen
Fertig in: 30 Min.
Davon aktiv: 15 Min.
Familie | Einfrieren
611 kcal | 2555 kJ

400 g Putenbrustfilet
3 rote Paprika
1 Zwiebel
1 TL Rapsöl
1 TL Curry-Würzpaste
1 TL Currypulver
1 TL Kreuzkümmel
1/4 TL Chilipulver
250 ml Gemüsebrühe
  (1 TL Instantpulver)
100 g trockene Basmati-
  Wildreis-Mischung
Salz, Pfeffer
4 EL Kichererbsen
  (Konserve)
1/2 unbehandelte Zitrone

1. Putenbrustfilet abspülen, trocken tupfen und würfeln. Paprika waschen, entkernen und in Streifen schneiden. Zwiebel schälen und würfeln.

2. Öl in einem Topf auf mittlerer bis hoher Stufe erhitzen und Putenbrustwürfel mit Zwiebelwürfeln darin 3–4 Minuten anbraten. Currypaste, Paprikastreifen, Currypulver, Kreuzkümmel und Chilipulver dazugeben, kurz mitbaten, mit Brühe ablöschen und auf niedriger bis mittlerer Stufe 15–20 Minuten köcheln lassen.

3. Reis nach Packungsanweisung in Salzwasser garen. Kichererbsen abspülen, abtropfen lassen, zum Curry geben und 2–3 Minuten erwärmen. 1 Msp. Zitronenschale abreiben und Zitronenhälfte auspressen. Kichererbsencurry mit Zitronenschale und 1 TL Zitronensaft verfeinern, mit Salz und Pfeffer abschmecken und mit Reis servieren.

Ciabatta

mit Rösttomaten

Für 4 Personen
Fertig in: 30 Min.
Davon aktiv: 15 Min.
Vegetarisch
179 kcal | 747 kJ

400 g Cocktailtomaten
2 Knoblauchzehen
1 TL Olivenöl
Salz, Pfeffer
140 g Ciabattabrot
1 Kugel fettreduzierter Mozzarella
1 große Tomate
3 Stängel Basilikum

1. Backofen auf 160° C (Gas: Stufe 1, Umluft: 140° C) vorheizen. Cocktailtomaten waschen und Knoblauch pressen. Beides auf einem mit Backpapier ausgelegten Backblech verteilen, mit Öl beträufeln und mit Salz und Pfeffer würzen. Im Backofen auf mittlerer Schiene ca. 15 Minuten rösten.

2. Ciabatta in Scheiben schneiden. Backofengrill auf mittlerer Stufe vorheizen. Ciabatta auf einen Rost legen und auf mittlerer Schiene toasten.

3. Die Hälfte der Cocktailtomaten vom Strauch zupfen, vorsichtig mit einer Gabel zerdrücken und auf den Ciabattascheiben verteilen. Mozzarella zerteilen und mit den restlichen Tomaten daraufgeben.

4. Tomate waschen und grob zerkleinern. Basilikum waschen, trocken schütteln und Blätter abzupfen. Ciabatta mit Tomatenstücken und Basilikumblättern belegt servieren.

Für den großen Hunger

Penne

mit geschmolzenen Vanilletomaten

 Für 1 Person
Fertig in: 25 Min.
Davon aktiv: 20 Min.
Familie
524 kcal | 2522 kJ

250 g bunte Cocktailtomaten
2 Schalotten
120 g Schweinefilet
80 g trockene Penne
Salz, Pfeffer
1 TL Rapsöl
100 ml Wasser
1/4 Vanilleschote
1 EL gehacktes Basilikum

1. Tomaten waschen. Schalotten schälen und fein würfeln. Schweinefilet trocken tupfen und in dünne Scheiben schneiden. Nudeln nach Packungsanweisung in Salzwasser garen.

2. Öl in einer Pfanne auf mittlerer bis hoher Stufe erhitzen, Schweinefiletscheiben darin 1–2 Minuten von jeder Seite braten, mit Salz und Pfeffer würzen und herausnehmen. Tomaten und Schalottenwürfel mit Wasser im Bratensatz auf mittlerer Stufe 6–8 Minuten dünsten, bis die Tomaten aufplatzen.

3. Vanilleschote längs aufschneiden, das Mark herauskratzen und nach ca. 5 Minuten zu den Tomaten geben. Tomaten leicht mit einer Gabel zerdrücken. Nudeln abgießen.

4. Schweinefiletscheiben mit Nudeln und Basilikum unter die Tomaten heben und kurz erwärmen. Penne mit Salz und Pfeffer abschmecken und servieren.

Das feine Aroma der Vanilleschote intensiviert den Geschmack der Tomaten und Schalotten.

Süßkartoffelstampf
mit gebratenen Gemüsewürfeln

Für 2 Personen
Fertig in: 30 Min.
Davon aktiv: 25 Min.
Vegetarisch
366 kcal | 1531 kJ

350 g Süßkartoffeln
Salz, Pfeffer
1 rote Zwiebel
2 Karotten
1 Zucchini
1 gelbe Paprika
1/2 unbehandelte Zitrone
1 TL Olivenöl
2 TL gehackter Thymian
200 g fettarmer Joghurt
2 TL gehackte Petersilie

1. Süßkartoffeln schälen, in Stücke schneiden und in Salzwasser 15–20 Minuten garen. Zwiebel und Karotten schälen, Zucchini und Paprika waschen, Paprika entkernen und alles in kleine Würfel schneiden. 1 Msp. Zitronenschale abreiben und Zitronenhälfte auspressen.

2. Öl in einer Pfanne auf mittlerer Stufe erhitzen und Zwiebel- und Karottenwürfel darin 2–3 Minuten anbraten. Zucchini- und Paprikawürfel dazugeben, ca. 5 Minuten mitbraten, mit Thymian verfeinern und mit Salz und Pfeffer würzen.

3. Für den Dip Joghurt mit Petersilie, Zitronenschale und 1 TL Zitronensaft verrühren und mit Salz und Pfeffer würzen. Süßkartoffelstücke abgießen, zerstampfen und mit Salz und Pfeffer abschmecken. Süßkartoffelstampf mit gebratenen Gemüsewürfeln und Joghurtdip servieren.

Gnocchi mit Räucherlachs

Für 1 Person
Fertig in: 20 Min.
Davon aktiv: 15 Min.
444 kcal | 1859 kJ

1/4 Salatgurke
2 EL Weißweinessig
1/4 TL Tafelmeerrettich
Salz, Pfeffer
1 kleine Zwiebel
1 TL Olivenöl
150 g Gnocchi
   (Frischprodukt)
50 ml Gemüsebrühe
   (1/4 TL Instantpulver)
1 TL gehackter Dill
1 TL körniger Senf
2 EL saure Sahne
einige Tropfen Zitronensaft
1 Scheibe Räucherlachs (50 g)

1. Gurke waschen und in Scheiben schneiden oder hobeln. Für das Dressing Essig und Meerrettich verrühren und unter die Gurkenscheiben mischen. Mit Salz und Pfeffer würzen.

2. Zwiebel schälen und in Würfel schneiden. Öl in einer Pfanne auf mittlerer bis hoher Stufe erhitzen und Zwiebelwürfel mit Gnocchi darin 3–5 Minuten braten. Mit Brühe ablöschen und kurz einkochen lassen.

3. Dill, Senf und saure Sahne zufügen und mit Salz, Pfeffer und Zitronensaft abschmecken. Räucherlachs in Streifen schneiden, zugeben und mit Gurkensalat servieren.

Romanescopfanne

mit grünen Bohnen

Für 2 Personen
Fertig in: 25 Min.
Davon aktiv: 15 Min.
Low Carb | Einfrieren
436 kcal | 1824 kJ

300 g Romanescoröschen
300 g grüne Bohnen (TK)
Salz, Pfeffer
1 Zwiebel
2 TL Rapsöl
300 g Tatar
4 TL Mandelstifte
200 ml Gemüsebrühe
 (1 TL Instantpulver)
4 TL Mandelmus
1 EL gehackte Petersilie

1. Romanescoröschen waschen, mit Bohnen in Salzwasser 4–5 Minuten garen und abgießen. Zwiebel schälen und würfeln.

2. Öl in einer Pfanne auf hoher Stufe erhitzen und Zwiebelwürfel darin kurz anbraten. Tatar und Mandelstifte dazugeben, kurz mitbraten und mit Salz und Pfeffer würzen.

3. Romanescoröschen und Bohnen zufügen, mit Brühe ablöschen und auf mittlerer Stufe mit Deckel 7–8 Minuten garen. Romanescopfanne mit Mandelmus verfeinern und mit Petersilie bestreut servieren.

Mach es dir einfach, tausche den Romanesco gegen jedes andere beliebige TK-Gemüse aus und freue dich auf dein neu kreiertes Rezept.

Chili-Sesam-Lachs
auf Glasnudelsalat

Für 2 Personen
Fertig in: 30 Min.
Davon aktiv: 20 Min.
442 kcal | 1848 kJ

50 g trockene Glasnudeln
1 rote Paprika
1 Karotte
1 Frühlingszwiebel
2 Stängel Koriander
2 TL Sojasauce
2 Lachsfilets (à 125 g)
1/2 rote Chilischote
2 TL Sesam
1 TL Sesamöl

1. Glasnudeln nach Packungsanweisung zubereiten. Paprika waschen, entkernen und in feine Streifen schneiden. Karotte schälen und in feine Stifte schneiden. Frühlingszwiebel waschen und in Ringe schneiden. Koriander waschen, trocken schütteln und hacken.

2. Glasnudeln abgießen und mit Paprikastreifen, Karottenstiften, Frühlingszwiebelringen, Sojasauce und Koriander vermengen. Lachsfilets abspülen und trocken tupfen.

3. Für die Marinade Chilischote waschen, entkernen, in Würfel schneiden und mit Sesam und Öl verrühren. Lachsfilets mit Marinade bestreichen und ohne weitere Fettzugabe in einer Pfanne auf mittlerer Stufe 4–5 Minuten von jeder Seite braten. Chili-Sesam-Lachs auf Glasnudelsalat servieren.

Kräuter-Champignon-Pfanne
mit Bohnenpüree

Für 2 Personen
Fertig in: 25 Min.
Davon aktiv: 10 Min.
Vegan | Familie
203 kcal | 849 kJ

1 Zwiebel
600 g braune Champignons
1 TL Rapsöl
1 Knoblauchzehe
200 g weiße Bohnen (Konserve)
125 ml Gemüsebrühe (1/2 TL Instantpulver)
Salz, Pfeffer
1 Msp. Kreuzkümmel
1 EL gehackte glatte Petersilie
1 EL gehackter Thymian

1. Zwiebel schälen und würfeln. Champignons trocken abreiben und in Scheiben schneiden. Öl in einer Pfanne auf mittlerer Stufe erhitzen, Knoblauch dazupressen und mit Zwiebelwürfeln darin ca. 2 Minuten anbraten. Champignonscheiben dazugeben und ca. 5 Minuten mitbraten.

2. Bohnen abspülen, abtropfen lassen und in einem Topf mit Brühe kurz erwärmen. Bohnen samt Brühe pürieren und mit Salz, Pfeffer und Kreuzkümmel würzen. Champignonpfanne mit Petersilie und Thymian verfeinern und mit Salz und Pfeffer abschmecken. Kräuter-Champignon-Pfanne mit Bohnenpüree servieren.

Für ein Fleischgericht serviere hierzu 2 Rinderfilets (à 150 g), die du in einer Pfanne auf hoher Stufe in 1 TL Olivenöl 4–5 Minuten von jeder Seite brätst. Der SmartPoints Wert erhöht sich auf 4.

Frühlingspasta

mit Hähnchenbruststreifen

6 SmartPoints Wert

Für 1 Person
Fertig in: 20 Min.
Davon aktiv: 20 Min.
Familie | Einfrieren
441 kcal | 1844 kJ

1 Karotte
100 g Mangold
2 Frühlingszwiebeln
50 g Zuckererbsenschoten
120 g Hähnchenbrustfilet
50 g trockene Fusilli
Salz, Pfeffer
1 TL Olivenöl
1 EL Frischkäse,
  bis 1 % Fett absolut
1 EL Gemüsebrühe
  (1 Prise Instantpulver)
1 TL heller Balsamicoessig
1 EL gemischte gehackte
  Kräuter (z. B. Kerbel,
  Petersilie, Schnittlauch)

1. Karotte schälen und in Scheiben schneiden. Mangold waschen, trocken schütteln und weiße Stiele von den Blättern schneiden. Blätter in breite und Stiele in feine Streifen schneiden. Frühlingszwiebeln waschen und in Ringe schneiden. Zuckererbsenschoten waschen und in feine Streifen schneiden. Hähnchenbrustfilet abspülen, trocken tupfen und in Streifen schneiden.

2. Nudeln nach Packungsanweisung in Salzwasser garen. Öl in einer Pfanne auf hoher Stufe erhitzen, Hähnchenbruststreifen darin 4–5 Minuten rundherum braten, mit Salz und Pfeffer würzen und herausnehmen. Karottenscheiben mit Mangoldstreifen im Bratensatz ca. 2 Minuten anbraten. Frischkäse mit Brühe und Essig verrühren, zum Gemüse geben und ca. 3 Minuten köcheln lassen.

3. Kräuter, Frühlingszwiebelringe und Zuckererbsenschotenstreifen dazugeben und kurz mitgaren. Nudeln abgießen, mit Hähnchenstreifen zum Gemüse geben und verrühren. Frühlingspasta mit Salz und Pfeffer abschmecken und servieren.

Lamm-*Pita*

Für 1 Person
Fertig in: 25 Min.
Davon aktiv: 10 Min.
406 kcal | 1699 kJ

1 Zweig Petersilie
1 getrocknete Aprikose
75 g Lammhackfleisch
   (aus Lammfilet)
Salz, Pfeffer
1 TL Rapsöl
1 TL Knoblauchpaste (Glas)
1 EL fettarmer Joghurt
1 Pitatasche

1. Petersilie waschen, trocken schütteln und mit Aprikose klein schneiden. Beides mit Hack vermischen, mit Salz und Pfeffer würzen, zu drei Fleischbällchen formen und leicht flach drücken. Öl in einer Pfanne auf hoher Stufe erhitzen und Fleischbällchen darin 3–4 Minuten von jeder Seite braten.

2. Knoblauchpaste mit Joghurt vermischen. Brot im vorgeheizten Backofen bei 150° C (Gas: Stufe 1, Umluft: 130° C) ca. 5 Minuten auf mittlerer Schiene aufwärmen, waagerecht aufschneiden und mit Joghurt und Fleischbällchen füllen. Lamm-Pita servieren.

Für etwas mehr Abwechslung kannst du die Fleischbällchen mit gepresstem Knoblauch, Zitronenschale oder anderen Kräutern zubereiten – der SmartPoints Wert verändert sich nicht.

Dazu passt ein Rucolasalat mit roten Zwiebeln und Tomaten.

Schupfnudeln

mit Broccoli in Gorgonzolasauce

Für 2 Personen
Fertig in: 30 Min.
Davon aktiv: 20 Min.
Vegetarisch
396 kcal | 1658 kJ

500 g Broccoli
Salz, Pfeffer
1 TL Rapsöl
300 g Schupfnudeln (Frischprodukt)
30 g Gorgonzola, 50 % Fett i. Tr.
1 EL Schmand
125 ml Gemüsebrühe (1/2 TL Instantpulver)

1. Broccoli waschen, in Röschen teilen und in Salzwasser ca. 10 Minuten garen. Öl in einer Pfanne auf mittlerer Stufe erhitzen und Schupfnudeln darin ca. 5 Minuten rundherum anbraten.

2. Gorgonzola würfeln. Broccoli abgießen. Für die Sauce Schmand und Brühe verrühren und in einem Topf auf mittlerer Stufe erhitzen. Gorgonzolawürfel dazugeben, unter Rühren schmelzen und 2–3 Minuten köcheln lassen.

3. Sauce mit Salz und Pfeffer abschmecken und Broccoliröschen unterheben. Schupfnudeln mit Broccoli in Gorgonzolasauce servieren.

Waldpilzpfanne
mit Rinderfilet

Für 2 Personen
Fertig in: 30 Min.
Davon aktiv: 20 Min.
Familie
471 kcal | 1969 kJ

100 g trockene Wildreis-
    mischung
Salz, Pfeffer
1 Zwiebel
500 g gemischte Waldpilze
    (z. B. Steinpilze, Pfiffer-
    linge, Maronenröhrlinge)
2 Rinderfiletmedaillons
    (à 150 g)
1 TL Rapsöl
50 g magere Schinkenwürfel
1 EL heller Balsamicoessig
50 ml Gemüsebrühe
    (1/4 TL Instantpulver)
1 EL gehackte Petersilie

1. Reis nach Packungsanweisung in Salzwasser garen. Zwiebel schälen und würfeln. Pilze trocken abreiben, Pfifferlinge gegebenenfalls waschen und Pilze in Stücke schneiden. Rindermedaillons trocken tupfen und mit Salz und Pfeffer würzen.

2. Öl in einer Pfanne auf hoher Stufe erhitzen, Filetmedaillons darin 2–3 Minuten von jeder Seite braten, herausnehmen und in Alufolie gewickelt ruhen lassen. Zwiebel- und Schinkenwürfel im Bratensatz auf mittlerer Stufe ca. 2 Minuten anbraten, Waldpilze dazugeben und ca. 5 Minuten mitbraten.

3. Waldpilzpfanne mit Essig und Brühe ablöschen, mit Petersilie verfeinern und mit Salz und Pfeffer abschmecken. Waldpilzpfanne mit Rinderfilet und Wildreismischung servieren.

Ein leckerer Klassiker ist auch das Hühnerfrikassee von Weight Watchers für 8 SmartPoints.

Teriyaki-Medaillons

mit Baby-Pak-Choi

Für 2 Personen
Fertig in: 25 Min.
Davon aktiv: 10 Min.
Einfrieren
427 kcal | 1788 kJ

1/2 kleine rote Chilischote
500 g Baby-Pak-Choi
2 Schweinemedaillons
  (à 120 g)
1 Stängel Koriander
120 g trockener Basmatireis
Salz, Pfeffer
1 TL Rapsöl
3 EL Teriyaki-Sauce
50 ml Wasser

1. Chilischote waschen, entkernen und in feine Ringe schneiden. Baby-Pak-Choi waschen und längs halbieren. Schweinemedaillons trocken tupfen. Koriander waschen, trocken schütteln und hacken. Reis nach Packungsanweisung in Salzwasser garen.

2. Öl in einer Pfanne auf hoher Stufe erhitzen, Pak-Choi-Hälften mit der Schnittfläche nach unten darin ca. 2 Minuten anbraten und herausnehmen.

3. Schweinemedaillons im Bratensatz 3–4 Minuten von jeder Seite anbraten, mit Salz und Pfeffer würzen, mit Teriyaki-Sauce und Wasser ablöschen, Chiliringe und Pak-Choi-Hälften dazugeben und 2–3 Minuten köcheln lassen. Teriyaki-Medaillons mit Baby-Pak-Choi und Reis anrichten und mit Koriander bestreut servieren.

Kartoffeln in Salzkruste

mit grünem Mandeldip

Für 2 Personen
Fertig in: 30 Min.
Davon aktiv: 20 Min.
Vegan
429 kcal | 1794 kJ

550 g Drillinge
   (kleine Kartoffeln)
5 EL grobes Meersalz
530 ml Wasser
4 Stängel glatte Petersilie
1 Schalotte
500 g Tomaten
1 rote Zwiebel
1/2 Bund Schnittlauch
1/2 Limette
2 EL dunkler Balsamico-
   essig
3 TL Olivenöl
Salz, Pfeffer
30 g blanchierte Mandeln

1. Drillinge waschen und mit Schale in 500 ml stark gesalzenem Wasser ca. 20 Minuten garen. Petersilie waschen, trocken schütteln und grob hacken. Schalotte schälen und in Stücke schneiden. Tomaten waschen und in Scheiben schneiden. Zwiebel schälen und fein würfeln. Schnittlauch waschen, trocken schütteln und in Ringe schneiden. Limettenhälfte auspressen.

2. Drillinge abgießen und im Topf auf der warmen Herdplatte ausdampfen lassen, sodass sich eine Salzkruste bildet. Für den Tomatensalat Tomatenscheiben mit Zwiebelwürfeln, Schnittlauch, Essig und 1 TL Öl vermischen und mit Salz und Pfeffer abschmecken.

3. Für den Dip Petersilie mit Limettensaft, Mandeln, Schalottenstücken, restlichem Wasser und restlichem Öl pürieren und mit Salz und Pfeffer abschmecken. Kartoffeln in Salzkruste mit Mandeldip und Tomatensalat servieren.

Vegetarischer Burger

Für 1 Person
Fertig in: 30 Min.
Davon aktiv: 5 Min.
Vegetarisch
311 kcal | 1301 kJ

1 TL Olivenöl
1 Riesenchampignon (50 g)
1 Knoblauchzehe
1/4 TL getrockneter Thymian
1 rote Zwiebel
Salz, Pfeffer
40 g Ziegenfrischkäsetaler, 45 % Fett i. Tr.
1 Brötchen (50 g)
1 Handvoll Pflücksalatmischung (Kühltheke)

1. Backofen auf 180 °C (Gas: Stufe 2, Umluft: 160 °C) vorheizen. Backblech mit Öl einpinseln. Champignon trocken abreiben, Stiel entfernen und in kleine Stücke schneiden. Knoblauch hacken und mit Champignonstücken und Thymian vermischen. Zwiebel schälen und in feine Ringe schneiden.

2. Champignon mit der Unterseite nach oben auf das Backblech legen, Knoblauchmischung einfüllen und mit Salz und Pfeffer würzen. Im Backofen auf mittlerer Schiene ca. 10 Minuten garen. Mit Ziegenkäsetaler belegen und weitere ca. 15 Minuten backen.

3. Brötchen aufschneiden. Salat waschen, trocken schleudern und mit einigen Zwiebelringen auf die untere Brötchenhälfte legen. Mit Champignon belegen, obere Brötchenhälfte darauflegen und vegetarischen Burger sofort servieren.

Gebratener Wirsing

mit Schinkenwürfeln und Kartoffelpüree

Für 2 Personen
Fertig in: 30 Min.
Davon aktiv: 20 Min.
Familie
393 kcal | 1644 kJ

600 g mehligkochende Kartoffeln
Salz, Pfeffer
1/2 Wirsing (ca. 500 g)
1 Zwiebel
1 TL Rapsöl
100 g magere Schinkenwürfel
100 ml Gemüsebrühe (1/2 TL Instantpulver)
1 EL Crème légère
2 EL entrahmte Milch

1. Kartoffeln schälen, würfeln und in Salzwasser ca. 15 Minuten garen. Wirsing putzen, halbieren, den Strunk entfernen und Wirsing in feine Streifen schneiden. Zwiebel schälen und in Streifen schneiden.

2. Öl in einer Pfanne auf mittlerer bis hoher Stufe erhitzen und Wirsing- mit Zwiebelstreifen darin 3–4 Minuten anbraten. Schinkenwürfel dazugeben, kurz mitbraten, mit Brühe ablöschen und mit Deckel 12–15 Minuten dünsten.

3. Kartoffelwürfel abgießen, zerstampfen, mit Crème légère und Milch verfeinern und mit Salz und Pfeffer abschmecken. Wirsing mit Salz und Pfeffer würzen und mit Kartoffelpüree servieren.

Gebratene Fusilli

mit Mango und Hähnchen

Für 2 Personen
Fertig in: 30 Min.
Davon aktiv: 25 Min.
Familie
571 kcal | 2389 kJ

140 g trockene Fusilli
Salz, Pfeffer
1 große rote Paprika
1 Mango
300 g Hähnchenbrustfilet
3 TL Rapsöl
3 EL Sojasauce

1. Nudeln nach Packungsanweisung in Salzwasser garen. Paprika waschen und entkernen. Mango schälen, das Fruchtfleisch in Spalten vom Stein schneiden und mit Paprika würfeln. Hähnchenbrustfilet abspülen, trocken tupfen und würfeln. Nudeln abgießen und gut abtropfen lassen.

2. Öl in einer Pfanne auf hoher Stufe erhitzen, Hähnchenbrustwürfel darin 3–4 Minuten rundherum anbraten und herausnehmen. Paprikawürfel im Bratensatz ca. 5 Minuten braten, Nudeln zufügen und ca. 5 Minuten mitbraten. Hähnchenbrustwürfel unterheben und mit Sojasauce ablöschen. Mangowürfel unterheben und erwärmen. Gebratene Fusilli mit Salz und Pfeffer abschmecken und servieren.

Sauerkrautsuppe

mit Kasseler

Für 2 Personen
Fertig in: 30 Min.
Davon aktiv: 10 Min.
Familie | To Go
426 kcal | 1783 kJ

1 Gemüsezwiebel
200 g Kasselerfleisch,
   gepökelt, roh
1 Zweig Thymian
1 Dose Sauerkraut (580 ml)
1 TL Rapsöl
1 Lorbeerblatt
2 Wacholderbeeren
500 ml Gemüsebrühe
   (2 TL Instantpulver)
100 ml Apfelsaft
1 TL Senf
2 TL Schmand
Salz, Pfeffer
2 Scheiben Baguette

1. Gemüsezwiebel schälen und in Streifen schneiden. Kasseler in kleine Würfel schneiden. Thymian waschen, trocken schütteln und hacken. Sauerkraut abtropfen lassen.

2. Öl in einem Topf auf mittlerer bis hoher Stufe erhitzen und Kasselerwürfel mit Gemüsezwiebelstreifen darin 3–4 Minuten anbraten. Sauerkraut mit Lorbeerblatt und Wacholderbeeren dazugeben und ca. 2 Minuten mitdünsten.

3. Mit Brühe und Apfelsaft ablöschen und mit Deckel ca. 15 Minuten köcheln lassen. Lorbeerblatt mit Wacholderbeeren entfernen, Suppe mit Senf, Schmand und Thymian verfeinern und mit Salz und Pfeffer abschmecken. Sauerkrautsuppe mit Baguette servieren.

Kräuter*omelette*

mit Räucherlachs

Für 1 Person
Fertig in: 15 Min.
Davon aktiv: 10 Min.
Low Carb
199 kcal | 833 kJ

1 TL Frischkäse,
   bis 1 % Fett absolut
1 Ei (Größe L)
Salz, Pfeffer
1 TL gehackter Dill
1 TL gehackter Schnittlauch
1 TL Rapsöl
1 Scheibe Räucherlachs
   (30 g)
einige Tropfen Zitronensaft

1. Frischkäse, 1 EL kaltes Wasser und Ei in einer Schale verquirlen. Mit Salz und Pfeffer würzen und Kräuter unterrühren.

2. Öl in einer Pfanne auf mittlerer Stufe erhitzen, Eimischung in die Pfanne geben und mit Deckel ca. 5 Minuten stocken lassen.

3. Omelette auf einen Teller geben, zusammenklappen und mit dem Räucherlachs belegen. Kräuteromelette mit Salz und Pfeffer würzen und mit Zitronensaft beträufelt servieren.

Kalbsschnitzel Tonnato

mit Paprikasalat

Für 2 Personen
Fertig in: 25 Min.
Davon aktiv: 25 Min.
510 kcal | 2134 kJ

1 Dose Thunfisch im eigenen Saft (150 g Abtropfgewicht)
1 Sardellenfilet in Salzlake
3 EL Crème légère
1 TL Kapern
1 EL Zitronensaft
Salz, Pfeffer
1 gelbe Paprika
2 rote Paprika
1 Zwiebel
1/2 TL getrockneter Oregano
2 EL dunkler Balsamicoessig
3 TL Olivenöl
2 Kalbsschnitzel (à 120 g)
2 Scheiben Baguette

1. Thunfisch abtropfen lassen und mit Sardellenfilet, Crème légère, Kapern und Zitronensaft pürieren. Thunfischcreme mit Salz und Pfeffer abschmecken. Paprika waschen, entkernen und in dünne Ringe schneiden. Zwiebel schälen und in Streifen schneiden.

2. Paprikaringe und Zwiebelstreifen auf Tellern anrichten. Mit Oregano bestreuen, mit Essig und 1 TL Öl beträufeln und mit Salz und Pfeffer würzen.

3. Kalbsschnitzel trocken tupfen, flacher klopfen und jeweils in 2 Stücke teilen. Restliches Öl in einer Pfanne auf mittlerer bis hoher Stufe erhitzen und Kalbsschnitzel darin 2–3 Minuten von jeder Seite braten. Kalbsschnitzel mit Thunfischsauce beträufeln und mit Paprikasalat und Baguette servieren.

Bunter Graupensalat

Für 2 Personen
Fertig in: 30 Min.
Davon aktiv: 30 Min.
Vegan | Familie | To Go
351 kcal | 1467 kJ

140 g trockene Graupen
Salz, Pfeffer
1/2 Salatgurke
1 rote Zwiebel
1 kleine Kohlrabi
2 Karotten
1/2 Bund Schnittlauch
1 EL Zitronensaft
2 TL Olivenöl
1/2 TL Senf

1. Graupen nach Packungsanweisung in Salzwasser garen. Gurke waschen, Zwiebel schälen und beides in feine Würfel schneiden. Kohlrabi und Karotten schälen und raspeln. Schnittlauch waschen, trocken schütteln und in Ringe schneiden.

2. Für das Dressing Zitronensaft mit Öl, Senf, Schnittlauch, Salz und Pfeffer verrühren. Graupen auskühlen lassen und mit Gurken-, Zwiebelwürfeln, Kohlrabi-, Karottenraspeln und Dressing vermengen. Bunten Graupensalat mit Salz und Pfeffer abschmecken und servieren.

Krautpappardelle
mit Steaksreifen

10 SmartPoints Wert

Für 2 Personen
Fertig in: 20 Min.
Davon aktiv: 20 Min.
Familie | Einfrieren
498 kcal | 2084 kJ

1 Zwiebel
1 kleiner Spitzkohl
 (ca. 700 g)
2 TL Rapsöl
1 EL Tomatenmark
1 TL Zucker
125 ml Gemüsebrühe
 (1/2 TL Instantpulver)
120 g trockene Pappardelle
Salz, Pfeffer
250 g Rinderhüftsteak
1/2 TL Kümmel
1 TL Paprikapulver

1. Zwiebel schälen und grob würfeln. Spitzkohl putzen, vierteln, den Strunk entfernen und Kohl in Streifen schneiden.

2. 1 TL Öl in einem Topf auf mittlerer bis hoher Stufe erhitzen, Zwiebelwürfel und Tomatenmark darin kurz anschwitzen, Spitzkohlstreifen und Zucker dazugeben und kurz mitbraten. Mit Brühe ablöschen und auf mittlerer Stufe mit Deckel 10–12 Minuten schmoren.

3. Nudeln nach Packungsanweisung in Salzwasser garen. Steak trocken tupfen und in Streifen schneiden. Restliches Öl in einer Pfanne auf hoher Stufe erhitzen, Steakstreifen darin 4–5 Minuten rundherum braten, salzen, pfeffern und herausnehmen.

4. Nudeln abgießen, mit Steakstreifen unter den Kohl heben, mit Kümmel und Paprikapulver würzen und mit Salz und Pfeffer abschmecken. Krautpappardelle servieren.

Pappardelle sind besonders breite Bandnudeln und kommen ursprünglich aus der Toskana.

Heute bleibt die *Küche* kalt

Karotten-Frischkäse-*Bagel*

Für 2 Personen
Fertig in: 10 Min.
Davon aktiv: 10 Min.
Vegetarisch | Familie | To Go
347 kcal | 1453 kJ

4 Karotten
100 g Frischkäse,
   bis 1 % Fett absolut
1 TL Honig
Salz, Pfeffer
2 Bagels
1/2 Beet Kresse

1. Karotten schälen. 1 Karotte raspeln und restliche Karotten in Stifte schneiden. Frischkäse mit Karottenraspeln und Honig verrühren und mit Salz und Pfeffer abschmecken.

2. Bagels aufschneiden und Hälften mit Karottenfrischkäse bestreichen. Kresse vom Beet schneiden, Karotten-Frischkäse-Bagel damit garnieren und mit Karottenstiften servieren.

Du kannst dir mehrere Bagels auf Vorrat kaufen und einfrieren. Schneide sie vor dem Einfrieren auf. So kannst du die Hälften schnell im Toaster wieder auftauen.

Avocado-Erdbeer-Salat

Für 1 Person
Fertig in: 15 Min.
Davon aktiv: 15 Min.
Vegetarisch
350 kcal | 1463 kJ

1/2 unbehandelte Zitrone
1 TL Honig
1 TL Olivenöl
Salz, Pfeffer
1 kleines Römersalatherz
150 g kleine Erdbeeren
70 g Avocadofruchtfleisch

1. Für die Vinaigrette 1 Msp. Zitronenschale abreiben und Zitronenhälfte auspressen. 2 EL Zitronensaft mit Honig, Öl und Zitronenschale verrühren und mit Salz und Pfeffer abschmecken.

2. Salat waschen, trocken schleudern und in Streifen schneiden. Erdbeeren waschen, trocken tupfen und halbieren. Avocadofruchtfleisch würfeln. Salatstreifen, Erdbeerhälften und Avocadowürfel vermischen und mit Vinaigrette beträufeln. Avocado-Erdbeer-Salat servieren.

Lust auf Fisch zum Salat?

Dann beträufle 70 g Lachsfilet mit 1/2 TL Zitronensaft, würze den Fisch mit Salz und Pfeffer und brate ihn in 1 TL Rapsöl von jeder Seite 2–3 Minuten. Verwende dann nur 50 g Avocadofruchtfleisch. Der SmartPoints Wert bleibt gleich.

Pumpernickel
mit feiner Gurken-Lachs-Creme

Für 2 Personen
Fertig in: 10 Min.
Davon aktiv: 10 Min.
299 kcal | 1252 kJ

Salz, Pfeffer
125 g Lachsfilet
1/4 Salatgurke
2 EL saure Sahne
1 TL gehackter Dill
einige Tropfen
   Zitronensaft
3 Scheiben Pumpernickel

1. Salzwasser in einem Topf aufkochen und Lachsfilet darin auf niedriger Stufe ca. 5 Minuten gar ziehen lassen. Gurke waschen und in kleine Würfel schneiden. Lachsfilet herausnehmen und mit einer Gabel zerpflücken.

2. Lachsstücke mit Gurkenwürfeln, saurer Sahne, Dill und Zitronensaft verrühren und mit Salz und Pfeffer abschmecken. Pumpernickelscheiben halbieren, mit Gurken-Lachs-Creme bestreichen und servieren.

Apfel-Käse-*Schnitte*

 8 SmartPoints Wert

Für 1 Person
Fertig in: 10 Min.
Davon aktiv: 10 Min.
Vegetarisch | Familie
315 kcal | 1317 kJ

1 Scheibe Bauernbrot
1 EL Cranberry-Konfitüre
1 süßlicher Apfel (z. B. Gala)
1 kleine Handvoll Brunnenkresse oder Feldsalat
20 g Gorgonzola,
   50 % Fett i. Tr.

1. Brot rösten und mit Konfitüre bestreichen. Apfel waschen, vierteln, entkernen, in dünne Scheiben schneiden und auf dem Brot verteilen.

2. Brunnenkresse waschen, trocken schütteln und auf dem Apfel verteilen. Gorgonzola über dem Brot zerbröseln und Apfel-Käse-Schnitte servieren.

Schinkensandwich

mit Basilikumfrischkäse

Für 2 Personen
Fertig in: 15 Min.
Davon aktiv: 15 Min.
Familie | To Go
208 kcal | 869 kJ

einige Blätter Kopfsalat
1/4 Salatgurke
1 Ochsenherztomate
1 EL gehacktes Basilikum
100 g Frischkäse,
   bis 1 % Fett absolut
1 Msp. abgeriebene unbe-
   handelte Zitronenschale
Salz, Pfeffer
4 kleine Scheiben
   Vollkorntoast
2 Scheiben gekochter
   Schinken

1. Salat waschen und trocken schütteln. Gurke und Tomate waschen und in Scheiben schneiden. Für die Creme Basilikum mit Frischkäse, Zitronenschale, Salz und Pfeffer pürieren.

2. Toastscheiben rösten und mit Creme bestreichen. 2 Toastscheiben mit Salat, Gurken-, Tomatenscheiben und Schinken belegen und mit restlichen Toastscheiben abdecken. Schinkensandwich diagonal halbieren und servieren.

Du hast keine Ochsenherztomate bekommen? Kein Problem, natürlich kannst du auch jede andere Tomatensorte verwenden.

Parma-Feigen-Bruschetta

Für 4 Personen
Fertig in: 15 Min.
Davon aktiv: 10 Min.
Familie
274 kcal | 1148 kJ

4 Scheiben Vollkornbrot
2 TL Olivenöl
1 EL gehacktes Basilikum plus einige Blätter zum garnieren
100 g Ricotta
Salz, Pfeffer
4 Scheiben Parmaschinken
4 Feigen
1 EL flüssiger Honig
1 EL dunkler Balsamicoessig

1. Backofengrill auf höchster Stufe erhitzen. Brotscheiben mit Öl einpinseln, auf ein Backblech legen und auf oberster Schiene im Backofen 1–2 Minuten von jeder Seite rösten.

2. Gehacktes Basilikum unter den Ricotta rühren, mit Salz und Pfeffer würzen und Brote mit der Hälfte der Masse bestreichen. Schinken grob zerreißen, Feigen waschen und vierteln und Bruschetta damit belegen. Restlichen Ricotta in Flocken auf die Brote verteilen und mit Honig und Essig beträufeln. Parma-Feigen-Bruschetta mit restlichem Basilikum garniert sofort servieren.

Geflügelsalat *Hawaii*

Für 1 Person
Fertig in: 25 Min.
Davon aktiv: 25 Min.
Familie
549 kcal | 2299 kJ

1 unbehandelte Orange
1 Scheibe frische Ananas
3 Scheiben Geflügel-
   brustaufschnitt
2 Karotten
120 g Frischkäse,
   bis 1 % Fett absolut
1 TL Rapsöl
1 Prise Currypulver
Salz, Pfeffer
1/4 Kopfsalat
2 Scheiben Roggenvollkorn-
   brot (Schwarzbrot)
1 TL gemischte Kräuter

1. Orange halbieren, eine Hälfte in Scheiben schneiden, restliche Hälfte schälen, filetieren und fein würfeln. Ananas schälen und mit Geflügelbrustaufschnitt würfeln. Karotten schälen und in Stifte schneiden.

2. Orangen-, Ananas- und Geflügelbrustwürfel mit 100 g Frischkäse, Öl, Currypulver, Salz und Pfeffer verrühren.

3. Salat waschen, trocken schleudern und in mundgerechte Stücke zerteilen. Orangenscheiben und Geflügelsalat darauf verteilen. Brot mit restlichem Frischkäse bestreichen und mit Kräutern bestreuen. Geflügelsalat Hawaii mit Brot und Karottenstiften servieren.

Rote-Bete-*Carpaccio*

mit Birnen und Ziegenkäse

Für 1 Person
Fertig in: 15 Min.
Davon aktiv: 15 Min.
Vegetarisch
362 kcal | 1513 kJ

1 TL Olivenöl
1 TL dunkler Balsamicoessig
1 TL Zitronensaft
1 TL Honig
1 TL Schnittlauchringe
Salz, Pfeffer
1 Birne
1 Ziegenfrischkäsetaler,
   45 % Fett i. Tr.
1 Handvoll Rucola
1 Scheibe Ciabatta
2 vorgegarte Rote Beten
   (vakuumverpackt)

1. Für das Dressing Öl, Essig, Zitronensaft, Honig, Schnittlauch, Salz und Pfeffer verrühren. Birne waschen, vierteln, entkernen und in dünne Spalten schneiden.

2. Ziegenfrischkäse zerbröseln, Rucola waschen und trocken schleudern. Ciabatta rösten.

3. Rote Beten dünn hobeln, auf einem Teller kreisförmig anrichten, Birnenspalten, Ziegenkäse und Rucola darauf verteilen und mit Dressing beträufeln. Rote-Bete-Carpaccio mit Ciabatta servieren.

Langfristig erfolgreich

Durch die Kombination aus 0-Punkte-Lebensmitteln und Bewegung hat das neue Programm sofort funktioniert und das motiviert natürlich. Ich habe gelernt, nicht auf den schnellen Erfolg aus zu sein, sondern auch kleine Erfolge zu feiern. Mein absolutes Lieblingsrezept ist neben Pasta der Feel-Good-Wrap. Meine ganze Erfolgsgeschichte findet ihr hier:

Sandra, 42 Jahre, –17 kg

Fotografin: Tania Walck

Feel-Good-Wrap

Für 1 Person
Fertig in: 10 Min.
Davon aktiv: 10 Min.
Familie | To Go
340 kcal | 1424 kJ

4 Karotten
1 Tomate
2 Blätter Kopfsalat
3 EL Frischkäse,
   bis 1 % Fett absolut
1 EL Magermilchjoghurt
1 TL Tafelmeerrettich
1 EL Schnittlauchringe
Salz, Pfeffer
1 kleiner Tortilla Wrap
2 Scheiben Kasseler
   Aufschnitt

1. Karotten schälen, 1/2 Karotte grob raspeln und restliche Karotten in Stifte schneiden. Tomate waschen und in Würfel schneiden. Salat waschen und trocken schütteln. Frischkäse mit Joghurt, Meerrettich und Schnittlauch verrühren und mit Salz und Pfeffer abschmecken.

2. Wrap mit Frischkäsecreme bestreichen. Mit Kasseler und Salatblättern belegen und Karottenraspel und Tomatenwürfel darauf verteilen. Wrap fest aufrollen, halbieren und an einem Ende in Pergamentpapier wickeln. Mit Küchengarn festbinden. Feel-Good-Wrap mit Karottenstiften servieren.

Tomatenfächer *Caprese*

Für 2 Personen
Fertig in: 10 Min.
Davon aktiv: 10 Min.
Vegetarisch
286 kcal | 1196 kJ

4 Flaschentomaten
1 Kugel fettreduzierter Mozzarella
1 TL Olivenöl
2 TL dunkler Balsamicoessig
1/2 TL Senf
Salz, Pfeffer
einige Blätter Basilikum
2 Scheiben geröstetes Mehrkornbrot

1. Tomaten waschen und ca. fünfmal ein-, aber nicht durchschneiden, sodass ein Fächer entsteht. Mozzarella trocken tupfen und so dünn wie möglich in Scheiben schneiden.

2. Für das Dressing Öl, Essig und Senf verrühren und mit Salz und Pfeffer abschmecken. Basilikum waschen und trocken schütteln.

3. Mozzarellascheiben und Basilikum abwechselnd in die Einschnitte der Tomatenfächer legen. Tomatenfächer mit Dressing beträufeln und mit Brot servieren.

Brötchen bunt belegt

Für 1 Person
Fertig in: 15 Min.
Davon aktiv: 15 Min.
Familie
488 kcal | 2040 kJ

1 Ei (Größe M)
1 Vollkornbrötchen
1 TL Senf
2 Scheiben Hähnchenbrustaufschnitt
1/2 Salatgurke
3 Radieschen
2 EL Frischkäse, bis 5 % Fett absolut
Salz, Pfeffer
2 EL Kresse
1 EL Magerquark
2 TL Pflaumenmus
3 Pflaumen

1. Ei in kochendem Wasser 8–10 Minuten hart kochen. Ei abschrecken, pellen und in Scheiben schneiden.

2. Brötchen in 5 Scheiben schneiden. 2 Scheiben mit jeweils 1/2 TL Senf bestreichen und mit Hähnchenbrustaufschnitt und Eischeiben belegen.

3. Gurke und Radieschen waschen und beides in Scheiben schneiden. 2 Brötchenscheiben mit jeweils 1 EL Frischkäse bestreichen und mit einigen Radieschen- und Gurkenscheiben belegen. Mit Salz und Pfeffer würzen und mit Kresse bestreuen.

4. Restliche Brötchenscheibe mit Quark und Pflaumenmus bestreichen. Pflaumen in Spalten schneiden und einige aufs Pflaumenmus legen. Bunte Brötchenscheiben mit restlichen Gemüsescheiben und Pflaumenspalten servieren.

Thunfisch-Mais-Salat

Für 1 Person
Fertig in: 15 Min.
Davon aktiv: 15 Min.
Familie | To Go
389 kcal | 1666 kJ

75 g Pflücksalatmischung
   (Kühltheke)
5 Radieschen
1 kleine rote Zwiebel
1 Dose Thunfisch im
   eigenen Saft
   (150 g Abtropfgewicht)
140 g Mais (Konserve)
1 TL Olivenöl
1 EL heller Balsamicoessig
2 TL Senf
1 TL Honig
100 ml Gemüsebrühe
   (1/2 TL Instantpulver)
Salz, Pfeffer

1. Salat waschen und trocken schleudern. Radieschen waschen und in Scheiben schneiden. Zwiebel schälen und in Würfel schneiden. Thunfisch und Mais abgießen. Salat, Radieschenscheiben, Zwiebelwürfel, Thunfisch und Mais jeweils separat in einem tiefen Teller anrichten.

2. Für das Dressing Öl mit Essig, Senf, Honig, Brühe, Salz und Pfeffer verrühren, über den Salat träufeln und Thunfisch-Mais-Salat servieren.

Roggenbrötchen
mit Geflügelfleischsalat

Für 2 Personen
Fertig in: 10 Min.
Davon aktiv: 10 Min.
Familie | To Go
324 kcal | 1354 kJ

6 Gewürzgurken
80 g Geflügelfleischwurst
1 Frühlingszwiebel
100 g Frischkäse,
  bis 1 % Fett absolut
2–3 EL Gurkensud
  (aus dem Glas)
2 TL Senf
1 TL Schnittlauchringe
Salz, Pfeffer
1/2 TL Paprikapulver
2 Roggenbrötchen

1. Für den Fleischsalat 2 Gewürzgurken und Fleischwurst in feine Streifen schneiden. Frühlingszwiebel waschen und in Ringe schneiden. Frischkäse mit Gurkensud, Senf und Schnittlauch verrühren. Gewürzgurken-, Fleischwurststreifen und Frühlingszwiebelringe unterheben. Fleischsalat mit Salz, Pfeffer und Paprikapulver würzen.

2. Roggenbrötchen aufschneiden, mit Geflügelfleischsalat bestreichen und mit restlichen Gewürzgurken servieren.

Melonen-Rucola-Salat
mit Parmaschinken

Für 2 Personen
Fertig in: 20 Min.
Davon aktiv: 20 Min.
321 kcal | 1343 kJ

1/2 Zitrone
125 g Rucola
75 ml Gemüsebrühe
   (1/2 TL Instantpulver)
1 EL Olivenöl
Salz, Pfeffer
1/4 Honigmelone
4 Scheiben Parmaschinken
6 Grissini

1. Zitronenhälfte auspressen. Rucola waschen und trocken schleudern. Für das Dressing 5 Blätter Rucola mit Brühe, 3 EL Zitronensaft und Öl pürieren. Dressing mit Salz und Pfeffer abschmecken.

2. Kerne der Melone mit einem Löffel entfernen. Fruchtfleisch von der Schale schneiden und würfeln. Restlichen Rucola grob hacken und mit Melonenwürfeln mischen. Schinken in Stücke zupfen. Melonen-Rucola-Salat mit Dressing mischen und mit Schinkenstücken und Grissini servieren.

Schwarzbrot
mit Forellencreme

Für 4 Personen
Fertig in: 10 Min.
Davon aktiv: 10 Min.
349 kcal | 1460 kJ

250 g Magerquark
3 EL kohlensäurehaltiges
   Mineralwasser
2 TL Senf
1 EL Tafelmeerrettich
Salz, Pfeffer
250 g geräucherte
   Forellenfilets
1 Salatgurke
8 Scheiben Roggenvollkorn-
   brot (Schwarzbrot)

1. Quark mit Mineralwasser, Senf und Meerrettich glattrühren. Mit Salz und Pfeffer würzen. Forellenfilets würfeln und unter die Creme heben.

2. Gurke waschen und in Scheiben schneiden. Schwarzbrot rösten, mit Forellencreme bestreichen und mit einigen Gurkenscheiben belegt servieren.

Noch Gurke übrig?

Mische 1/2 Becher Weight Watchers French Dressing mit 2 TL Dijonsenf unter die Gurkenscheiben.
Die SmartPoints ändern sich nicht.

Auf einen Blick

A
Apfel-Käse-Schnitte 86
Avocado-Erdbeer-Salat 83

B
Brötchen bunt belegt 98
Buchweizenpfannkuchen mit Tatar 28
Bunter Graupensalat 74
Buntes Ofengemüse mit Hähnchen 27

C
Chili-Garnelen mit Mie-Nudeln
    und Gemüsestreifen 16
Chili-Sesam-Lachs auf Glasnudelsalat 48
Ciabatta mit Rösttomaten 36

E
Ei im Glas mit Forelle 30

F
Feel-Good-Wrap 95
Feurige Quesadilla 18
Frühlingspasta mit Hähnchenbruststreifen 52

G
Gebratene Fusilli mit Mango
    und Hähnchen 67
Gebratener Wirsing mit Schinkenwürfeln
    und Kartoffelpüree 66
Geflügelsalat Hawaii 90
Gemüsesuppe mit Tofu 31
Gnocchi mit Räucherlachs 44

H
Hüttenkäse-Küchlein mit Kräutern 20

K
Kalbsschnitzel Tonnato mit Paprikasalat 73
Karotten-Frischkäse-Bagel 80
Kartoffeln in Salzkruste mit
    grünem Mandeldip 63
Kichererbsencurry mit Pute 35
Krautpappardelle mit Steakstreifen 77
Kräuter-Champignon-Pfanne mit
    Bohnenpüree 51
Kräuteromelette mit Räucherlachs 70

L
Lamm-Pita 55
Lollo rosso mit Spinatfalafeln 32

M
Melonen-Rucola-Salat mit Parmaschinken 105
Mexikanische Steakpfanne mit Mais 23
Mini Puten-Saltimbocca mit
    Zucchinistreifen 12

P
Parma-Feigen-Bruschetta 89
Penne mit geschmolzenen Vanilletomaten 40
Pumpernickel mit feiner
    Gurken-Lachs-Creme 84

R
Roggenbrötchen mit Geflügelfleischsalat 102
Romanescopfanne mit grünen Bohnen 47
Rote-Bete-Carpaccio mit Birnen
    und Ziegenkäse 93

S

Sauerkrautsuppe mit Kasseler	69
Schinkensandwich mit Basilikumfrischkäse	87
Schupfnudeln mit Broccoli in Gorgonzolasauce	56
Schwarzbrot mit Forellencreme	106
Spinatsuppe mit Ei	19
Süßkartoffelstampf mit gebratenen Gemüsewürfeln	43

T

Teriyaki-Medaillons mit Baby-Pak-Choi	60
Thunfisch-Mais-Salat	101
Tofu-Rührei-Sandwich	24
Tomatenfächer Caprese	97
Tomatensuppe mit Tatar	15

V

Vegetarischer Burger	64

W

Waldpilzpfanne mit Rinderfilet	59

Lust auf ...

... Brot, Wraps & Sandwiches?

Apfel-Käse-Schnitte	86
Brötchen bunt belegt	98
Ciabatta mit Rösttomaten	36
Feel-Good-Wrap	95
Feurige Quesadilla	18
Karotten-Frischkäse-Bagel	80
Lamm-Pita	55
Parma-Feigen-Bruschetta	89
Pumpernickel mit feiner Gurken-Lachs-Creme	84
Roggenbrötchen mit Geflügelfleischsalat	102
Schinkensandwich mit Basilikumfrischkäse	87
Schwarzbrot mit Forellencreme	106
Tofu-Rührei-Sandwich	24

... Eier?

Brötchen bunt belegt	98
Ei im Glas mit Forelle	30
Kräuteromelette mit Räucherlachs	70
Spinatsuppe mit Ei	19

... Fisch & Meeresfrüchte?

Chili-Garnelen mit Mie-Nudeln und Gemüsestreifen	16
Chili-Sesam-Lachs auf Glasnudelsalat	48
Ei im Glas mit Forelle	30
Gnocchi mit Räucherlachs	44
Kalbsschnitzel Tonnato mit Paprikasalat	73
Kräuteromelette mit Räucherlachs	70
Pumpernickel mit feiner Gurken-Lachs-Creme	84
Schwarzbrot mit Forellencreme	106
Spinatsuppe mit Ei	19
Thunfisch-Mais-Salat	101

... Fleisch?

Buchweizenpfannkuchen mit Tatar	28
Kalbsschnitzel Tonnato mit Paprikasalat	73
Krautpappardelle mit Steakstreifen	77
Lamm-Pita	55
Mexikanische Steakpfanne mit Mais	23
Penne mit geschmolzenen Vanilletomaten	40
Romanescopfanne mit grünen Bohnen	47
Sauerkrautsuppe mit Kasseler	69
Teriyaki-Medaillons mit Baby-Pak-Choi	60
Tomatensuppe mit Tatar	15
Waldpilzpfanne mit Rinderfilet	59

... Fruchtiges?

Apfel-Käse-Schnitte	86
Avocado-Erdbeer-Salat	83
Brötchen bunt belegt	98
Gebratene Fusilli mit Mango und Hähnchen	67
Geflügelsalat Hawaii	90
Melonen-Rucola-Salat mit Parmaschinken	105
Parma-Feigen-Bruschetta	89
Rote-Bete-Carpaccio mit Birnen und Ziegenkäse	93

... Geflügel?

Buntes Ofengemüse mit Hähnchen	27
Frühlingspasta mit Hähnchenbruststreifen	52
Gebratene Fusilli mit Mango und Hähnchen	67
Geflügelsalat Hawaii	90
Kichererbsencurry mit Pute	35
Mini Puten-Saltimbocca mit Zucchinistreifen	12
Roggenbrötchen mit Geflügelfleischsalat	102

... Käse?

Apfel-Käse-Schnitte	86
Ciabatta mit Rösttomaten	36
Feurige Quesadilla	18
Hüttenkäse-Küchlein mit Kräutern	20
Karotten-Frischkäse-Bagel	80
Parma-Feigen-Bruschetta	89
Rote-Bete-Carpaccio mit Birnen und Ziegenkäse	93
Schinkensandwich mit Basilikumfrischkäse	87
Schupfnudeln mit Broccoli in Gorgonzolasauce	56
Tomatenfächer Caprese	97
Vegetarischer Burger	64

... Pasta?

Chili-Garnelen mit Mie-Nudeln und Gemüsestreifen	16
Chili-Sesam-Lachs auf Glasnudelsalat	48
Frühlingspasta mit Hähnchenbruststreifen	52
Gebratene Fusilli mit Mango und Hähnchen	67
Krautpappardelle mit Steakstreifen	77
Penne mit geschmolzenen Vanilletomaten	40

... Salat?

Avocado-Erdbeer-Salat	83
Bunter Graupensalat	74
Geflügelsalat Hawaii	90
Lollo rosso mit Spinatfalafeln	32
Melonen-Rucola-Salat mit Parmaschinken	105
Thunfisch-Mais-Salat	101

... Suppe?

Gemüsesuppe mit Tofu	31
Sauerkrautsuppe mit Kasseler	69
Spinatsuppe mit Ei	19
Tomatensuppe mit Tatar	15

... Vegan?

Bunter Graupensalat	74
Gemüsesuppe mit Tofu	31
Kartoffeln in Salzkruste mit grünem Mandeldip	63
Kräuter-Champignon-Pfanne mit Bohnenpüree	51
Tofu-Rührei-Sandwich	24

... Vegetarisch?

Apfel-Käse-Schnitte	86
Avocado-Erdbeer-Salat	83
Ciabatta mit Rösttomaten	36
Feurige Quesadilla	18
Hüttenkäse-Küchlein mit Kräutern	20
Karotten-Frischkäse-Bagel	80
Lollo rosso mit Spinatfalafeln	32
Rote-Bete-Carpaccio mit Birnen und Ziegenkäse	93
Schupfnudeln mit Broccoli in Gorgonzolasauce	56
Süßkartoffelstampf mit gebratenen Gemüsewürfeln	43
Tomatenfächer Caprese	97
Vegetarischer Burger	64

Impressum

Redaktion
Weight Watchers Deutschland
Claudia Braun, Valerie Altmann, Claudia Thienel

Realisierung
Food Professionals Köhnen GmbH, Sprockhövel
Judith Balks, Silke Höpker, Ingrid Schmand

Fotografie
Klaus Arras, Michael Bernhardi, Carsten Eichner,
Dirk Przibylla, Hubertus Schüler,
Weight Watchers International

Bildnachweise
Thinkstock S. 6, 7, 10, 11, 38, 39, 78, 79, Umschlag
Niehaus Knüwer and friends GmbH
Werbeagentur, Düsseldorf, S. 20, 23, 47, 80

Foodstyling
Ingo Breuer, Katja Briol, Marc Fleischer, Maren Jahnke, Thomas Lauterbach, Stefan Mungenast, Weight Watchers International

Gestaltungskonzept und Grafik
Niehaus Knüwer and friends GmbH
Werbeagentur, Düsseldorf
Food Professionals Köhnen GmbH,
Sprockhövel

Druck
paffrath print & medien GmbH, Remscheid

Weight Watchers (Deutschland) GmbH
www.weightwatchers.de
Info-Hotline 01802 - 23 45 64*
ISBN 978-3-9819029-3-8

1. Auflage 2018

© 2018 Weight Watchers International, Inc.
Der Nachdruck sowie die Verbreitung, auch auszugsweise, in jeder Form oder Weise dieses Buchs ist nur mit vorheriger schriftlicher Genehmigung des Herausgebers erlaubt. Alle Rechte vorbehalten. WEIGHT WATCHERS und SmartPoints sind eingetragene Marken von Weight Watchers International, Inc.

*0,06 €/Anruf aus dem Festnetz, Mobilfunk höchstens 0,42 €/Minute.

PEFC zertifiziert. Dieses Papier stammt aus nachhaltig bewirtschafteten Wäldern und kontrollierten Quellen.
www.pefc.de